这是理所当然的吗？不一定吧

1 独具慧眼的观察

（日）NHK"科学探索"节目组 编著
（日）吉竹伸介 绘
田莎莎 译

化学工业出版社
·北京·

NHK カガクノミカタ1　観察してみよう

edited by NHK《Kagaku no Mikata》Seisakuhan, illustrated by Yoshitake Shinsuke
Copyright © 2019 NHK
Illustrations copyright © 2019 Yoshitake Shinsuke
All rights reserved.
Original Japanese edition published by NHK Publishing, Inc.
This Simplified Chinese language edition published by arrangement with
NHK Publishing, Inc., Tokyo in care of Tuttle-Mori Agency, Inc., Tokyo
through Shinwon Agency Co., Beijing Representative Office.

本书中文简体字版由NHK Publishing, Inc. 授权化学工业出版社有限公司独家出版发行。
本书仅限在中国内地（大陆）销售，不得销往中国香港、澳门和台湾地区。未经许可，不得以任何方式复制或抄袭本书的任何部分，违者必究。

北京市版权局著作权合同登记号：01-2020-6257

图书在版编目（CIP）数据

这是理所当然的吗？不一定吧．1，独具慧眼的观察/日本NHK"科学探索"节目组编著；（日）吉竹伸介绘；田莎莎译．—北京：化学工业出版社，2021.3（2025.5重印）
ISBN 978-7-122-38449-2

Ⅰ.①这… Ⅱ.①日…②吉…③田… Ⅲ.①科学知识-普及读物 Ⅳ.①Z228

中国版本图书馆CIP数据核字（2021）第019660号

责任编辑：郑叶琳　张焕强
责任校对：李雨晴
装帧设计：尹琳琳

出版发行：化学工业出版社
（北京市东城区青年湖南街13号　邮政编码100011）
印　　装：盛大（天津）印刷有限公司
880mm×1230mm　1/16　印张3　字数74千字
2025年5月北京第1版第16次印刷

购书咨询：010-64518888
售后服务：010-64518899
网　　址：http://www.cip.com.cn
凡购买本书，如有缺损质量问题，本社销售中心负责调换。

定　　价：39.80元　　　　　版权所有　违者必究

本书的使用方法

本书主要向大家介绍边观察边进行探索的方法，希望大家通过这些方法来发现生活中那些令人不可思议的地方。让我们从那些看起来好像理所当然的事物中去发现属于自己的那份"不可思议"吧。

步骤 1

首先确认这一小节采用哪种"观察方法"

通过改变"观察方法"，我们能从周围的事物中获得全新的体验。首先看看书中的事例是怎样寻找到令人"不可思议"的地方的。一定要掌握好探索的方法哦！

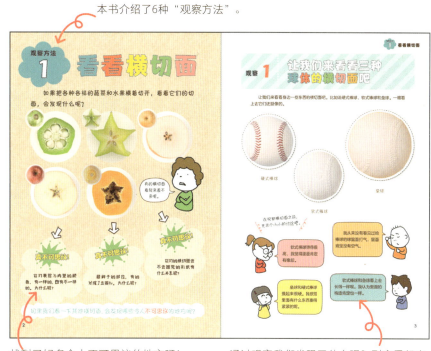

本书介绍了6种"观察方法"。

找到了好多令人不可思议的地方呀！

通过观察我们发现了什么呢？到底看起来会像什么样子呢？
观察之前我们可以好好地想一想。

步骤 2

通过观察，我们找到了令人不可思议的地方！

发现了这些令人不可思议的地方之后，本书还介绍了进一步探索的方法。

如果是你的话，会发现哪些令人不可思议的地方呢？

让我们和书中的角色一起往下读吧。

就是这个令人不可思议的地方引起了我们的注意！
在下一页我们继续探索它的秘密吧。

跟我们一起探索更多令人不可思议的地方吧！

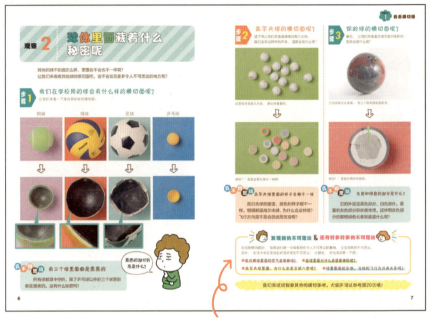

步骤 3

让我们寻找更多令人不可思议的地方吧！

让我们紧接上一页，继续探索它的秘密吧。

这个世界上还有好多好多令人不可思议的地方呢！如果你发现了更多的令人不可思议的地方，一定要多多观察，翻开书好好查一下哟。

步骤 4

寻找更多令人不可思议的地方吧！

通过使用本书介绍的"观察方法"，我们可以挑战更多有意思的游戏。到底能发现哪些令人不可思议的地方，就要看你自己的能耐啦。请你做做看吧！

好啦！我们一起去探寻那些令人不可思议的地方吧！

目录

观察方法 1　看看横切面 ……2

　观察 1　让我们来看看三种球体的横切面吧
　观察 2　球体里面藏着什么秘密呢

观察方法 2　从下方往上看 ……8

　观察 1　让我们从下方来看看蜗牛吧
　观察 2　蜗牛肚子上的波纹藏着什么秘密呢

观察方法 3　放大了看 ……14

　观察 1　让我们把动物的脚放大来看看吧
　观察 2　壁虎的脚掌上藏着什么秘密呢

　的挑战游戏……20

观察方法 4 往里面看 ……22

观察 1　让我们来看看草莓的里面吧

观察 2　白筋到底是什么东西？让我们来寻找它的真面目吧

观察方法 5 摆摆看 ……28

观察 1　让我们来摆摆自行车吧

观察 2　自行车车把下那根轴为什么会倾斜呢？
　　　　让我们来探寻它的秘密吧

观察方法 6 说说看 ……34

观察 1　让我们用语言来描述一下西蓝花吧

观察 2　西蓝花的小颗粒上藏着什么秘密呢

   的挑战游戏……40

　选择题目的注意要点　……42

观察方法 1 看看横切面

如果把各种各样的蔬菜和水果横着切开，看看它们的切面，会发现什么呢？

有的横切面看起来差不多呢。

真不可思议！
它们表皮与内里的颜色，有一样的，也有不一样的。为什么呢？

真不可思议！
藏种子的部位，有的分成了五瓣儿。为什么呢？

真不可思议！
它们的横切面会不会跟花的形状有什么关系呢？

如果我们看一下其他横切面，会发现哪些令人**不可思议**的地方呢？

观察方法 1 看看横切面

观察 1 **让我们来看看三种球体的横切面吧**

让我们来看看身边一些东西的横切面吧。比如说硬式棒球、软式棒球和垒球。一眼看上去它们还挺像的。

硬式棒球

软式棒球

垒球

在观察横切面之前，先来个小小的讨论吧。

软式棒球弹得很高，我觉得里面肯定有橡胶。

我从来没有看见过给棒球的球里面打气，里面肯定没有空气。

垒球和硬式棒球摸起来很硬。我感觉里面有什么东西塞得紧紧的呢。

软式棒球和垒球看上去长得一样呢。我认为里面的构造肯定也一样。

3

如果我们观察三种球体的横切面，会发现……

我们将三个球横着切开后并排在一起。
比比看，你会发现哪些令人不可思议的地方呢？

硬式棒球　　　　软式棒球　　　　垒球

明明都是球，怎么还会不一样呢？

我们用电动切刀把球给切开啦！
电动切刀可是什么都能切哦。

安全提示：这个操作需要专业人士来进行哦！

观察方法 1　看看横切面

真不可思议 1　硬式棒球有几层？

硬式棒球有一层表皮，中间塞得满当当的，而且还分了好几层呢。这样的排列方式，有什么秘密吗？

真不可思议 2　软木与橡胶周围那圈毛乎乎的材料是什么？

仔细观察硬式棒球的构造，会发现中间是软木，外侧是双色橡胶。再外面一层呢，由丝线卷成，毛乎乎的。不知道这一层与球的飞行方式有什么关系。

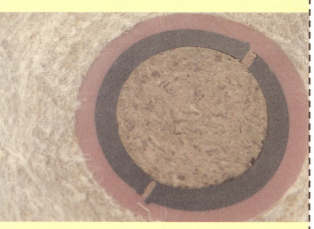

真不可思议 3　软式棒球里面居然是空的？

软式棒球与硬式棒球不一样，中间什么都没有。它是双层橡胶结构，表层是白色橡胶，里层是黑色橡胶。中间是空的，那就是说都是空气啦。那么空气又是从哪里打进去的呢？

真不可思议 4　垒球里面塞满了软木？

垒球看起来跟软式棒球完全一样，就是稍微大了一圈。我们还以为里面也跟软式棒球一样呢，结果是塞满了软木。这又是为什么？

它们明明都是球，**里面大不一样！** 到底是为什么？

观察 2　球体里面藏着什么秘密呢

其他的球不知道怎么样，里面会不会也不一样呢？
让我们来看看其他球的横切面吧。会不会发现更多令人不可思议的地方呢？

步骤 1　我们在学校用的球会有什么样的横切面呢？
让我们来看一下身边那些球的横切面。

网球　　　　排球　　　　足球　　　　乒乓球

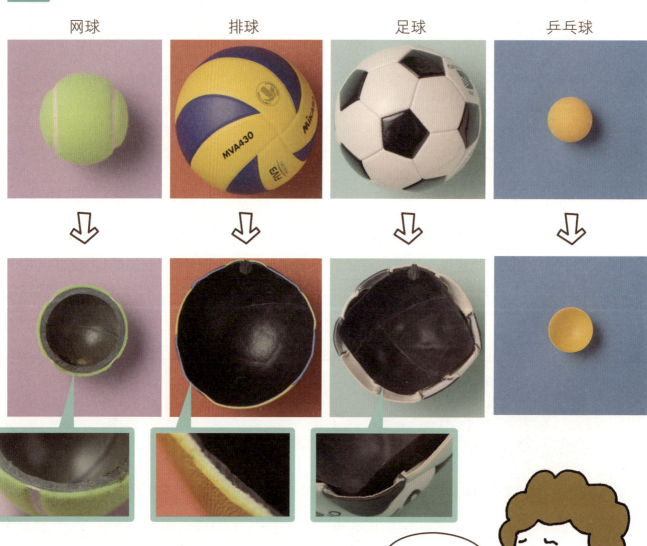

黑色的部分到底是什么？

真不可思议　有三个球里面都是黑黑的

所有球都是中空的，除了乒乓球以外的三个球里侧都是黑黑的。这有什么秘密吗？

高尔夫球的横切面呢？
接下来让我们来看看硬硬的高尔夫球。敲打会发出砰砰的声音，里面会是什么呢？

这里有很多高尔夫球，都切开看看吧。

啊呀？！里面全都长得不一样呢！

 高尔夫球里面的样子全都不一样

高尔夫球的里面，颜色和样子都不一样。明明都是高尔夫球，为什么会这样呢？飞行方向是不是会因此而改变呢？

保龄球的横切面呢？
最后，让我们来看看又硬又重的保龄球。里面会是什么呢？

它的表面光光滑滑。有三个用来插手指的洞。

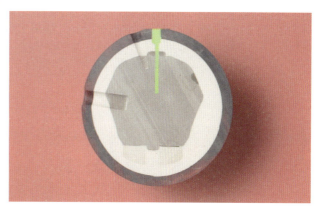

啊呀？！里面长得好奇怪呢。

 **灰色和绿色的部分是什么？**

它的外层是黑色部分、白色部分。里面的灰色部分形状很奇怪。延伸到灰色部分的那根绿色长条到底是什么呢？

 发现新的不可思议 & **还有好多好多的不可思议**

在观察横切面时，如果我们进一步探索那些令人不可思议的事物，会发现新的不可思议。
另外，生活中肯定还存在好多好多的不可思议。小朋友，你也来探索一下吧。

- 软式棒球里面的空气会跑掉吗？
- 垒球里面为什么会装着橡胶呢？
- 高尔夫球里面，为什么会是五颜六色呢？
- 球里面装的东西，与球的飞行方式有关系吗？

我们来试试探索其他的横切面吧。大家还可以参考第20页哦！

观察 1　让我们从下方来看看蜗牛吧

让我们来试试从下方往上看，观察一下身边周围的物体。
比如说背着"小旋涡"壳的蜗牛，如果我们从下方往上看，会发现什么呢？

在从下往上进行观察之前，先来个小小的讨论吧。

我原来以为蜗牛没有脚，不过如果从下方往上看，蜗牛说不定是有脚的呢！

蜗牛是怎么走路的来着？它肚子上是不是有吸盘呢？

蜗牛的嘴不知道在哪里呢。是不是会藏在脸的下方呀？我想好好观察一下蜗牛脸的周围。

蜗牛壳有没有拖到地面上去呢？还是说蜗牛壳全部是背在蜗牛背上的呢？

如果我们从下方往上看蜗牛，会发现什么呢？

我们试着把蜗牛移到了透明的板上进行观察。
让我们从头到尾好好地观察一下。会有些什么发现呢？

喂喂，快把肚子亮给我看一下吧。

我们尝试着把蜗牛放进了透明的盒子里。

10

观察方法 **2 从下方往上看**

真不可思议 1　蜗牛的肚子上，居然既没有吸盘也没有脚？

蜗牛的肚子上并没有像吸盘一样的东西。它也不像虫子或鸟儿一样长着脚。虽然如此，蜗牛还是可以缓慢地前进。它到底是怎么走的呢？

真不可思议 2　蜗牛壳下的小洞是什么？

从下方往上观察蜗牛壳，会发现蜗牛壳开口的地方有一个小洞。

仔细观察会发现，小洞在一开一合。这个小洞到底是什么呢？

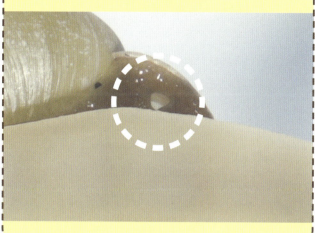

真不可思议 3　蜗牛爬过的地方会留下黏糊糊的东西，这是什么？

蜗牛爬过以后，会留下透明的痕迹。摸上去黏糊糊的。这种液体到底是什么东西呢？它好像是从蜗牛身体里面流出来的。不知道是从哪里流出来的呢。

黏糊糊的液体

真不可思议 4　蜗牛爬动的时候肚子会皱成波纹状，为什么呢？

如果我们观察蜗牛爬行的样子，会发现它肚子好像泛起了波纹。就好像滚动的扶梯一样，蜗牛肚子上的波纹从下往上在不停运动。而且，波纹的走向与蜗牛前进的方向是一致的。到底是为什么呢？

前进的方向　　波纹的走向

4 注意　蜗牛爬行的时候肚子上会形成波纹形状，为什么呢？

观察 2 **蜗牛肚子上的波纹藏着什么秘密呢**

我们要注意上一页中的真不可思议④。
让我们继续观察那些跟蜗牛类似的生物，仔细看看它们的肚子。

步骤 1　马蹄螺的肚子会是什么样的呢？

马蹄螺虽然生活在海里，不过它的壳跟蜗牛一样，都是螺旋状的。

跟蜗牛不一样，看不到马蹄螺的身体。是不是藏起来了呢？

仔细观察，会发现它的肚子正中间有条淡淡的分界线。

 **身体分成了两部分**

马蹄螺同蜗牛不一样，它的身体从中间分成了左右两个部分。肚子上的波纹看不太清楚。

步骤 2　大驼石鳖的肚子会是什么样的呢？

海边的岩礁上经常会看见大驼石鳖。它的壳没有螺旋，也是贝类的一种。

大驼石鳖会紧紧地贴在岩石上。它的身体在哪里呢？

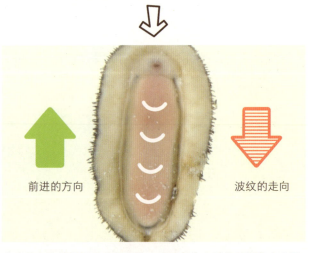

本来从上方能看到贝壳的部分，从下方往上看的时候就完全看不到贝壳了！

 **大驼石鳖肚子上的波纹与它前进的方向相反**

大驼石鳖同蜗牛一样，肚子也会泛起波纹。可是，波纹的走向与蜗牛相反，是从上往下走。为什么它们前进的方向相同，而波纹却相反呢？

观察方法 2　从下方往上看

海螺的肚子会是什么样的呢?

大的海螺壳大概有10厘米左右高。
让我们试试从下方来观察海螺运动的样子吧。
不知道会不会发现与其他贝类不一样的地方。

海螺是住在海边的岩礁上的哦!

海螺的身体分成两个部分,左侧部分与右侧部分交替着往前爬。

海螺的两部分身体在交替移动

海螺的身体分为两个部分,就好像两只脚走路一样,海螺左右部分的身体交替向前爬。

海螺大概就是像我这样爬吧?

发现新的不可思议 & 还有好多好多的不可思议

在从下方向上观察时,如果我们进一步探索那些令人不可思议的事物,会发现新的不可思议。
另外,生活中肯定还存在好多好多的不可思议。小朋友,一起来探索吧。

● 蜗牛与大驼石鳖肚子上的波纹,为什么走向相反呢?

● 藏在壳中的身体,会是什么样子呢?　● 蜗牛壳上面的那个洞,到底是什么呢?

我们来试试从下方往上观察其他的东西吧。大家还可以参考第21页哦!

观察方法 3 放大了看

我们把一本书封面上蓝色的部分放大了看看吧，会发现……

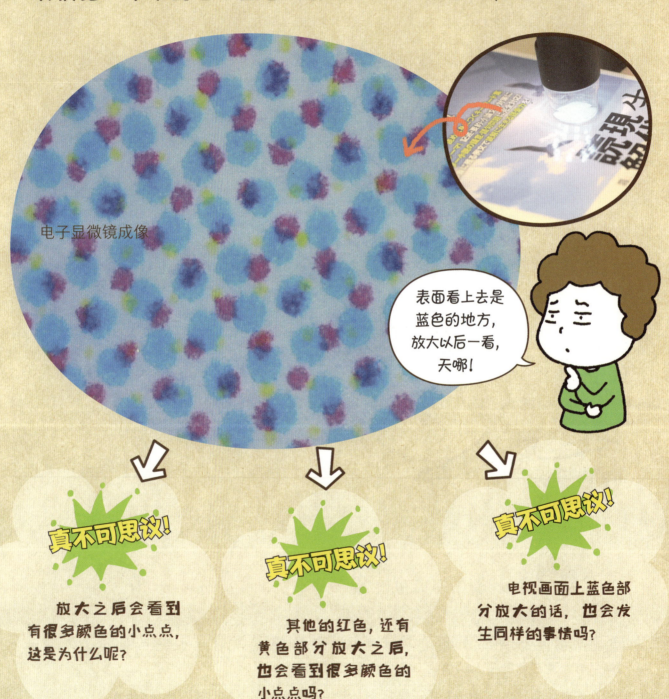

电子显微镜成像

表面看上去是蓝色的地方，放大以后一看，天哪！

真不可思议！ 放大之后会看到有很多颜色的小点点，这是为什么呢？

真不可思议！ 其他的红色，还有黄色部分放大之后，也会看到很多颜色的小点点吗？

真不可思议！ 电视画面上蓝色部分放大的话，也会发生同样的事情吗？

如果我们把其他物体放大了观察，会发现哪些"令人不可思议"的地方呢？

观察方法 3 放大了看

观察 1 让我们把动物的脚放大来看看吧

让我们来看看各种动物的脚。
如果我们把章鱼、鱿鱼、小狗和壁虎的脚放大了来看，会发现什么呢？

章鱼

鱿鱼

小狗

壁虎

在从下往上进行观察之前，先来个小小的讨论吧。

章鱼和鱿鱼脚上都有吸盘。它们的吸盘会不会有什么不一样呀？

我摸过小狗的脚掌，看起来肉乎乎的，其实表面上还挺硬的。

壁虎是很会爬墙的动物吧。我觉得它的脚掌上也许藏着什么秘密！

如果我们把脚放大了观察，会发现什么呢？

我们试着把章鱼、鱿鱼、小狗和壁虎的脚放大了。
不知道会发现什么呢。

我们使用了放大镜和电子显微镜这些工具。

真不可思议 1　章鱼脚上的吸盘是圆圆的扁平形？

活章鱼的脚是扭动着的。它的吸盘呈圆圆的扁平形，表面十分光滑。仔细观察会发现中间还有个小洞。这个小洞到底是什么呢？

放大镜

电子显微镜
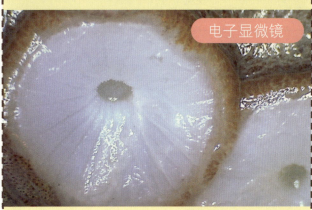

真不可思议 2　鱿鱼脚上的吸盘边缘是锯齿形？

鱿鱼的吸盘比章鱼的小，像碗一样。吸盘孔周围长满了细小的锯齿，就像牙齿一样呢。虽然大家都是吸盘，但是鱿鱼的吸盘和章鱼的不一样。这是为什么呢？

放大镜

电子显微镜
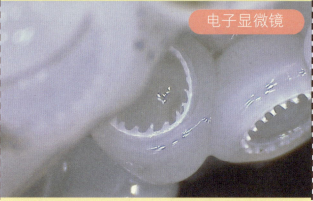

观察方法 3　放大了看

真不可思议 3　小狗的脚掌竟然是坑坑洼洼的？

小狗的脚掌虽说经常被称作肉球，但其实长满了像鳞片一样的东西。

摸上去毛糙糙的，这是为什么？

放大镜

电子显微镜

啊？我原来还以为是光光滑滑的呢！

把我的手指放大了不知道能看到什么呢。

真不可思议 4　壁虎脚掌上的褶子有什么用？

我们把壁虎紧紧吸附在玻璃盒上的脚掌放大了观察，会发现上面布满了褶皱。

壁虎能够紧紧贴在玻璃表面而掉不下去，是不是跟这些褶皱里藏着的秘密有关呢？

放大镜

电子显微镜

注意 4

壁虎能够紧紧贴在墙上，秘密是不是藏在这些**褶皱里**呢？

17

观察 2　壁虎的脚掌上藏着什么秘密呢

让我们继续关注上一页中的真不可思议❹。
能够像壁虎一样能爬墙的动物还有不少呢。我们来仔细比较一下它们的脚掌。

步骤 1　如果我们把脚掌放得更大，会发现什么？

让我们仔细观察它的脚，每根指头上都有褶皱呢！

> 我们来挨个仔细观察褶皱的秘密吧！

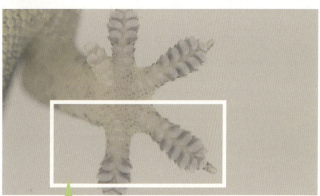

五根指头上全都有褶皱。如果我们把它放大的话……

放大镜

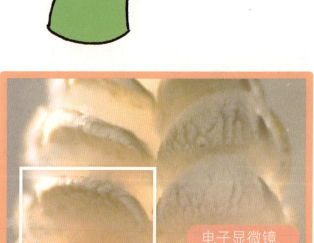

电子显微镜

褶皱其实是一个个小块。如果我们进一步放大的话……

会发现指头上布满了褶皱。如果我们进一步放大的话……

真不可思议

褶皱上竟然挤满了毛！

通过观察，我们发现大量的细毛组成了毛束，而毛束又构成了白色的褶皱。壁虎善于在墙上攀爬，是因为长有这些毛的关系吗？

电子显微镜

这些凹凸不平的东西，其实全是由细毛组成的毛束。

放大了看

 那能在墙上爬的瓢虫会怎么样呢？

瓢虫在墙上爬的时候不会掉下来。
它的脚上肯定也藏着什么秘密吧。

 爬在墙上的雨蛙会怎么样呢？

雨蛙也是墙上的攀爬能手！雨蛙的脚上会不会也长着毛呢？

我们把它爬在玻璃上的脚给放大。

我们将它的脚掌放大了来看，会发现……

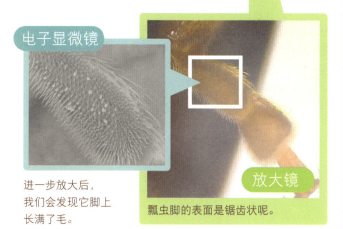

电子显微镜

进一步放大后，我们会发现它脚上长满了毛。

放大镜

瓢虫脚的表面是锯齿状呢。

电子显微镜

进一步放大后，我们会发现它的脚掌还是光光滑滑的。

放大镜

雨蛙脚掌上没有褶皱。

 瓢虫的脚上也覆盖了满满的一层毛

瓢虫能够灵巧地在墙上爬行，大概也是因为脚上长满毛的缘故吧！

 雨蛙脚掌上没长毛？

雨蛙的脚掌上并没有褶皱，也没有长毛。
那它为什么可以在墙上爬呢？

 发现新的不可思议 & 还有好多好多的不可思议

放大了进行观察时，如果我们进一步探索那些令人不可思议的事物，会发现新的不可思议。
另外，生活中肯定还存在好多好多的不可思议。小朋友，一起来探索吧。

- 鱿鱼和章鱼的吸盘，有什么用呢？ ● 鱿鱼和章鱼的吸盘形状为什么不一样呢？
- 壁虎和瓢虫脚上的毛，与它们能自如地在墙上爬行有什么关系吗？

我们来试试放大观察其他的东西吧。大家还可以参考第21页哦！

观察方法 1 2 3 的挑战游戏

在前面我们知道了三种观察方法，这里又收集了一些看起来很好玩的东西。
看看横切面、从下方往上看、放大了看，试试这些方法，小朋友们，你们能发现什么令人不可思议的东西呢？

看看横切面

2～7页

🌟 纸箱
可以用来搬运重物的纸箱。观察它的横切面，我们就能发现它这么结实的秘密。

🌟 植物根茎
我们来看看各种植物根茎的横切面吧。有圆形、三角形、四方形等等各种不同的形状呢。听说还有像甜甜圈一样形状的，这是真的吗？

🌟 面包
我们来看看各种面包的横切面吧。
豆沙包、牛角包、奶油包，比较一下它们的横切面会发现……

🌟 大葱
切大葱的不同部位，它的横切面会不会不一样呢？我们比较一下它白色的部分和绿色的部分，会发现……

🌟 三色牙膏
为什么会同时挤出三种颜色的牙膏呢？我们观察牙膏管的横切面会发现……

🌟 蔬菜和水果
我们可以试试竖着切、横着切、斜着切等各种切法。

例如西瓜……

横切

竖切

切法不同，西瓜看起来会不一样呢！

从下方往上看

8～13页

✹ 鼠妇

它的脚到底长在哪儿呢？

✺ 乌龟

跟从上往下看的时候相比，不知道有哪些地方不一样呢？

✺ 餐具

盘子呀，杯子呀，饭碗呀，等等，如果我们从下往上观察不同的餐具会发现……

✹ 水龙头

水流出来的地方，究竟长什么样呢？

✺ 粉蝶的幼虫

不知道它到底长脚了没有，它到底是怎么走路的呢？

放大了看

14～19页

✺ 肥皂泡

如果我们放大了看，能看到什么呢？

✹ 蝴蝶翅膀

仔细观察漂亮的蝴蝶翅膀，会发现……表面能看到什么东西呢？

✺ 尼龙搭扣

一旦粘上就很难扯开了！放大了来看，是不是就能明白它的构造呢？

✹ 人的皮肤

人的皮肤放大后，看起来会是什么样子呢？

✺ 沙子

大家会不会觉得所有的沙子都是一个颜色，长得也都一个样呢！不过放大了来看，会发现……

✺ 纸币

放大看居然会发现，一千日元或一万日元纸币上印的隐藏文字！

✹ 电视画面

电视的画面是不是也像第14页书的封面一样，由很多不同颜色的小点点构成的呢？

我们摘下了一片鱼鳞哦

✹ 鱼的鳞片

看起来像是光光滑滑的，放大了一看……

观察方法 **4**

往里面看

如果我们往卷心菜的里面看，会发现……

横切

竖切

横着切和竖着切卷心菜会看起来不一样呢！

真不可思议！
好多片菜叶包裹在了一起。每个卷心菜叶片的数量都是一样的吗？

真不可思议！
卷心菜里面中间的地方，那个又白又粗的东西是什么呀？

真不可思议！
跟卷心菜类似的白菜、生菜的里面也是同样的构造吗？

如果我们往物体里面看，会发现哪些令人<u>不可思议</u>的地方呢？

观察方法 4 往里面看

观察 1 让我们来看看草莓的里面吧

让我们来看看周围物体的里面。比如说草莓，它里面的构造是什么样子的?
我们把草莓切开后会发现……

往里面看之前，
先来个小小的讨论吧。

我觉得里面虽然没有籽，但肯定有些颗粒一样的东西!

我觉得它的中央部分应该有个空洞!

草莓最中间是白色的，周围一圈是淡淡的粉色。

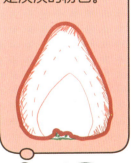

小朋友，你是怎么认为的呢?

把自己的猜想画出来吧

*复印出来画一下吧

如果我们往草莓的里面看，会发现什么呢？

我们沿着草莓的中心，用横切和竖切的切法把草莓切了开来。仔细观察一下吧。小朋友，是否和你的猜想一样呢？你能找到什么令人不可思议的地方吗？

竖切

横切

真不可思议 1

草莓籽在哪里？

不管是竖着切还是横着切，草莓里面并没有像籽一样的颗粒。难道说，草莓表面的颗粒才是它的籽吗？草莓籽到底在哪里呀？

让我们来观察一下小草莓的内部。

蛋糕上的草莓，不知道里面长什么样呢。

观察方法 **4** 往里面看

为什么草莓会有红色的部分和白色的部分？

观察草莓的里面，会发现它有红色的部分和白色的部分。它的表面全是红色的，为什么里面会有白色的部分呢？难道是还没有成熟？其他的草莓是不是也一样呢？

有的草莓中间有空洞，有的草莓却没有？

如果我们观察不同草莓，会发现有的草莓中间有空洞。但并不是所有的草莓都有。为什么有的草莓中间有空洞，有的草莓却没有呢？

为什么草莓的中心是红色的？

横着将草莓切开会发现，中间白色部分的中心颜色有点红。为什么草莓最中心的地方，会是这样呈红色呢？

向表面颗粒生长的白筋是什么？

草莓中间的白色部分，向外侧生长出了白筋。难道说，这些白筋和草莓表面的颗粒是连着的吗？

白筋

白筋和草莓表面的颗粒是连着的吗？

观察 2 — 白筋到底是什么东西？让我们来寻找它的真面目吧

让我们继续关注上一页中的真不可思议 5。
我们将通过实验，来验证白筋是否真的与表面的颗粒连在一起。

步骤 1　我们用特殊的机器来看看。

我们使用了一种叫MRI（磁共振成像）的机器，能够立体地扫描草莓内部。

一颗草莓

⇩

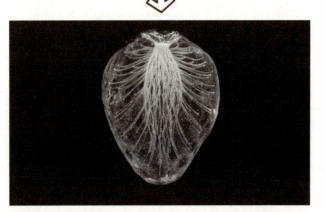

我们可以发现，草莓的白筋向外部延伸，与表面的颗粒是连在一起的。

步骤 2　如果我们让它吸蓝色的水会发生什么呢？

我们把草莓茎放进了染成了蓝色的水里。不知道会发生什么变化呢？

把蓝色食用色素混入水中。

不知道草莓会不会把蓝色的水给吸收进去呢。

　**白筋与表面颗粒是连在一起的**

草莓中心部分聚集了大量的筋脉，而它们一根根与表面的颗粒相连。难道说，草莓筋是用来向表面的颗粒输送水分和营养的？

草莓就好像在用吸管喝水一样呢。

观察方法 **4 往里面看**

我们把草莓放了一天,然后再观察它的内部。

中间的白色部分底部都变蓝啦。草莓筋也微微带有蓝色!

 **白色部分变蓝啦**

蓝色的水抵达到果实内部。如果说草莓中间的白筋与表面的颗粒相连,那颗粒的表面也会变成蓝色吗?

四天之后的草莓。它全身都发青了。

草莓筋全部变成了蓝色,表面的颗粒也变蓝了。

 草莓筋与表面的颗粒都变蓝啦

蓝色的水通过草莓的白筋,抵达了表面的颗粒。那这么说来,草莓的白筋是在向表面的颗粒输送水分和营养吧?

 发现新的不可思议 & **还有好多好多的不可思议**

观察物体内部时,如果我们进一步探索那些令人不可思议的事物,会发现新的不可思议。
另外,生活中肯定还存在好多好多的不可思议。小朋友,一起来探索吧。

- 草莓表面的颗粒,如果拿去播种的话,会发芽吗?
- 为什么草莓里面是白色呢?
- 每个草莓,它的红色部分与白色部分的比例都一样吗?
- 为什么有的草莓里面有空洞呢?

我们来试试观察其他物体的里面吧。大家还可以参考第41页哦!

观察方法 5 摆摆看

让我们来摆摆不同的塑料瓶吧。

把塑料瓶摆在一起才发现，它们也有各种各样的形状呢。

真不可思议！
有的瓶子侧面凹凸不平，而有的却不是这样，这是为什么？

真不可思议！
瓶子底部的形状全都不一样，这是为什么呢？

真不可思议！
它们相同的地方在哪里？是不是有什么规则呢？

如果我们把其他物体也摆放在一起，会发现哪些"令人不可思议的地方"呢？

观察 1　让我们来摆摆自行车吧

让我们把周围的东西也来摆摆看。
试着把多辆自行车摆起来看看，会发现……

在观察横切面之前，先来个小小的讨论吧。

自行车虽然看起来都一样，但如果仔细观察可能会发现一些细微的差别吧。

话说回来，我还真的从来没有认真观察过自行车的构造。我自行车的把手是直直的。

不光要找不同，我们还要找到它们相同的地方。来吧，我们多找几辆自行车来摆摆看。

如果我们把自行车摆放在一起，会发现什么呢？

我们将10辆自行车排成1排。
有各种不同的自行车呢。它们一样的地方在哪里？不一样的地方又在哪里呢？

 真不可思议 1 自行车有的是一根，有的是两根？

连接头管（车把下部分）和立管（车座下部分）的部件，不同的自行车其数量不一样。左边的自行车是两根，右边的自行车只有一根。它们为什么不一样呢？

 真不可思议 2 为什么自行车车把下的那根轴是倾斜的呢？

无论哪辆自行车，车把下那根轴相对于地面来说，都是倾斜的。是不是所有自行车倾斜的角度都一样呢？这种倾斜背后，又有什么原因吗？

观察方法 5　摆摆看

真的耶！还真是有点弯着的。

真不可思议 3　自行车把手的那根轴的前端是弯曲的！

每辆自行车，连车把的那根轴都通过微微弯曲的前叉与前轮相连。为什么前叉会微微弯曲？如果前叉是直的会怎样？

注意 2　为什么自行车车把下的那根轴是倾斜的？

观察 2　自行车车把下那根轴为什么会倾斜呢？让我们来探寻它的秘密吧

让我们继续关注前面的真不可思议❷。
我们收集了更多的自行车来做实验。我们可以对它们进行比较，还可以骑上去试试看。

步骤 1　其他形状的自行车会是什么样的呢？

我们收集了更多的自行车。它们的车把连着的那根轴，是不是也是倾斜的呢？

我们收集了9辆自行车，其中包括儿童自行车。

有的自行车带了车篓，有的却没有，不知道到底有没有什么区别。

我们画了线，来确认到底有没有倾斜。

所有的车把轴都是倾斜的！

所有这些新收集来的自行车，与车把相连的轴都是倾斜的。看来车把轴倾斜是所有自行车的共同点。这到底又是为什么呢？

摆摆看

步骤 2　骑起来比较一下感觉呢?

我们比较了一下车把轴倾斜65°的自行车与车把轴倾斜80°的自行车的乘坐感觉。

原来角度稍微不一样的话,骑起来的感觉就大不一样呀!

我们为实验准备了两辆自行车,一辆车把轴倾斜65°,一辆车把轴倾斜80°。

步骤 3　比较一下两辆自行车的摇晃程度会怎么样呢?

我们沿着一根直线骑自行车,可以分别测量一下两辆自行车的摇晃程度。

两辆自行车都骑上去看看吧。

车把轴倾斜80°的自行车,大幅度偏离了直线呢。

车把轴倾斜80°的自行车会摇摇晃晃!

车把轴倾斜80°的自行车倾斜度接近直角,骑起来摇摇晃晃的很难前进,而车把轴倾斜65°的自行车骑起来更容易。这是为什么呢?

为什么车把轴倾斜80°的自行车没法笔直地前进呢?

车把轴倾斜80°的自行车很难走直线。角度只是改变了一点点,为什么会发生这么大的变化呢?

 发现新的不可思议 & **还有好多好多的不可思议**

在尝试摆放物体时,如果我们进一步探索那些令人不可思议的事物,会发现新的不可思议。
另外,生活中肯定还存在好多好多的不可思议。小朋友,一起来探索吧。

- 车轴倾斜80°的自行车,骑上去为什么很难掌控呢?如果把它变成倾斜50°会怎么样?
- 所有的自行车,连着车把的那根轴的前端都有些弯曲,原因是什么呢?

我们来试试摆放一下其他的东西。大家还可以参考第40页哦!

观察方法 6 说说看

让我们用语言来描述一下鸡蛋，会发现……

> 鸡蛋是比较瘦的椭圆形。有一头是尖的……

> 整体看上去比较白

> 仔细看，会发现蛋壳表面是凹凸不平的样子……

> 想用语言来描述鸡蛋，没想到还挺难呢。

※鸡蛋

真不可思议！
为什么鸡蛋有一头会比较尖呢，不能是浑圆浑圆的吗？

真不可思议！
不知道有没有白色以外的鸡蛋呢。

真不可思议！
为什么蛋壳表面是凹凸不平的样子呢？

如果我们用语言来说明一下其他物体，会发现哪些"令人不可思议的地方"呢？

观察 1　让我们用语言来描述一下西蓝花吧

让我们来描述一下大家都知道的蔬菜——西蓝花。
如果我们要向没有见过西蓝花的人进行说明，用语言描述的话，该怎么说呢？

- 西蓝花有粗壮的黄绿色的根茎，像一棵小树的样子哦。
- 西蓝花头上有很多小颗粒构成的绿色部分，摸上去很粗糙。
- 小颗粒们都紧紧地挤在一起。
- 平时吃西蓝花的时候，感觉会有更小的东西……不知道那个是西蓝花的哪部分呢。

如果我们用语言来描述西蓝花，会发现什么呢？

不光是它的整体，也要注意观察它的细微部分。
说说看吧，会发现哪些令人不可思议的地方呢？

真不可思议 1　西蓝花粗壮的茎秆上还长着叶子？

西蓝花的茎秆看起来就像树干一样，它还分枝了。仔细观察会发现，上面还有长着叶子一样的东西。

真不可思议 2　凹凸不平聚在一起的小山堆到底是什么？

西蓝花脑袋上，好多小颗粒挤在一起形成了一个个小山堆。每个小山堆的大小各不相同，但表面都是凹凸不平的。这到底是什么呢？

> 西蓝花到底是怎么长的呢？

真不可思议 3　难道说西蓝花其实也是树吗？

这次我们把西蓝花拿远一些观察，它看起来就像一棵树。难道西蓝花其实是树的一种吗？那继续长下去，西蓝花还会长高吗？

说说看

西蓝花与花椰菜是兄弟吗？

花椰菜跟西蓝花长得很像。把它俩放在一起比较会发现，无论是它们像树一样的外形，还是凹凸不平的部分，都非常相似。它们是兄弟吗？颜色为什么不一样呢？

分枝的地方也一模一样。

小颗粒到底是什么东西呢？

仔细观察西蓝花凹凸不平的部分，会发现上面聚集了很多小颗粒。小颗粒们紧紧地挤在一起呢。它们到底是什么呀？每个小颗粒的颜色和形状都是一样的吗？

它俩的重量是不是也差不多呢？

西蓝花的小颗粒中藏着什么秘密呢？

观察 2 — 西蓝花的小颗粒上藏着什么秘密呢

让我们继续关注上一页中的注意 5。小颗粒的真面目到底是什么？我们可以把西蓝花图片放大，或是将它放置一段时间进行观察。

仔细观察西蓝花的小颗粒会发现？

我们用放大镜来看吧。一个个仔细检查，也许会有什么发现呢。

横着看过去，可以发现小颗粒是竖长形状，就像花蕾一样。

从上往下看……发现了一个快要开放的花蕾！

如果我们打开一个小颗粒看看……

我们取出一个小颗粒，仔细看好啦。它里面的构造到底长什么样呢？

西蓝花的一个小颗粒是这种形状。

我们把它打开会发现，中间有像花芽一样的东西。

小颗粒的真面目原来是花蕾！

我们把小颗粒的部分放大，可以发现有些要开花了。这些小颗粒，难道真的就是西蓝花的花蕾吗？

小颗粒的里面是花芽！

我们把小颗粒打开，会发现里面有几根像花芽一样的东西。这些东西的颜色比周围绿色的部分要浅一点。它们到底是什么呀？

步骤 3 如果我们不收割西蓝花，让它继续长会怎么样呢？

这是种在农田里的，收割之前的西蓝花。我们如果继续栽培，好好观察它成长的样子，可能就会发现小颗粒的真面目啦。

西蓝花原来是这么长的呀！

西蓝花根茎周围，长着大片大片的叶子。

 **小颗粒成长后形状发生了变化**

每一个小颗粒都在往上蹿，凹凸不平的小山堆形状开始改变。往前端凸起的鼓鼓的东西是什么呀？

两周以后，小颗粒好像都长开了。

 **小颗粒是花蕾吗？**

一个月以后，小颗粒们纷纷绽放，开出了黄色的花朵。原来，小颗粒的真面目是西蓝花的花蕾吗？花椰菜会不会也一样开花呢？

一个月以后，小颗粒们纷纷绽放，开出了花朵。

 发现新的不可思议 & **还有好多好多的不可思议**

用语言描述物体时，如果我们进一步探索那些令人不可思议的事物，会发现新的不可思议。另外，生活中肯定还存在好多好多的不可思议。小朋友，一起来探索吧。

● 花椰菜与西蓝花只是颜色不一样吗？为什么它们颜色不一样呢？

● 西蓝花开花之后，会长出种子吗？它的种子会是什么样子呢？

我们用语言来说说其他东西吧。大家还可以参考第41页哦！

观察方法 4 5 6 的挑战游戏

我们采用22页之后的三种观察方法,给大家介绍很多好玩的东西。
摆摆看、往里面看、说说看,试试这些方法,小朋友们,你们能发现什么令人不可思议的东西呢?

摆摆看
（28~33页）

❋ 树叶
不同大小、不同颜色、不同形状……
我们把各种各样的树叶摆到一起来看吧。

❋ 贝壳
贝壳有好多种形状和颜色呢。
如果我们把类似的贝壳摆到一起会发现什么呢?

❋ 帽子
家里人的帽子、朋友的帽子,
我们把各种帽子摆到一起会发现……

❋ 硬币
1日元的硬币、5日元的硬币、10日元的硬币、50日元的硬币、100日元的硬币。
如果把硬币都摆到一起,会发现什么令人不可思议的事吗?

❋ 铅笔
大家把喜欢的铅笔都摆到一起吧,可以用上各种摆法。
不知道会发现什么呢。

把我的文具都拿来试试的话,肯定很有意思!

往里面看

22～27页

🌸 花蕾
花瓣是怎样裹在里面的呢?

🌟 洋葱
把洋葱皮一层层剥开，会发现……

🌸 不同豆类的豆荚
小豆子们是怎样装在豆荚里面的呢？不同的豆类装法一样吗？

毛豆　　豌豆　　扁豆

🌸 三角钢琴
打开钢琴盖看一下它里面的构造吧，我们敲敲键盘会发现……

说说看

34～39页

🌸 天空的模样
比如，我们可以用语言来描述天空中漂浮着的云彩，它们是什么样的呢？

🌟 声音
让我们闭上眼睛，侧耳倾听。
会听到什么声音呢？
如果我们用语言来描述各种声音，会发现……

- 水声　● 乐器声
- 动物的叫声或虫鸣声

🌸 味道
假如有人没有尝过某种味道，那我们应该怎样描述这种味道呢？

🌟 气味
我们用语言来描述一下各种不同的气味吧。
花香、洗后衣物的香味、交通工具上的气味……
同样一种气味，如果我们分别用自己的语言来进行描述的话，会发现……

别人说的时候，语言的描述会和我一样吗？

自由研究

选择题目的注意要点

本书介绍了各种各样的"观察方法",希望大家能用来发现生活中那些不可思议的地方,同时我们在书中列举了大量的实例。到现在为止,我们已经发现了很多令人不可思议的东西啦。从中我们可以选出一些作为我们"暑假的自由研究"等活动的题目。选的时候要注意以下要点哦。

注意要点 1：我想要知道什么呢

> 如果不是自己想要做的事情,那就没意思啦。

我们如果是被别人命令去研究某个东西,或只是在书店那一大堆自由研究的参考书中选一本来模仿,不是挺没意思吗?

就像本书开始所写的那样,只有我们自己开始抱有疑问,并想要知道为什么的时候,我们才能拿出干劲来,去调查和思考我们发现的那些不可思议的东西。由我们自己主动去探寻自己发现的那些不可思议,肯定比什么都让人快乐！首先,让我们来自由地探索不可思议吧。

注意要点 2：挑战别人没有做过的事情

1965年诺贝尔物理学奖得主、物理学家理查德·费曼,曾在某本讨论"科学的方法"的书里写道:"我们开始做任何事情的时候,都不能提前知道答案。"

无论多厉害的题目,如果已经非常清楚,也就是说我们已经知道了答案的话,也就没有什么必要去研究它啦。研究这种东西,首先要从"这是真的吗?""真正的情况是怎么样呢?"这样的疑问开始。

无论令人不可思议的东西是多么微不足道,我们去挑战那些自己发现的不可思议,不但具有价值,同时不是也让人跃跃欲试吗?说不定,世界上没有其他人知道这个秘密呢！

另外,周围的事物,或是我们本身已经知道的东西,平时可能习以为常,但说不定也藏着很多我们不知道的秘密呢。

> 我可能是世上第一个发现这个秘密的人呢！

注意要点 3：我能做的事情

> 研究和学习可能还有点不一样呢！

我们发现了自己想要研究的某个不可思议啦。但是,等一下！这个令人不可思议的东西,真的是我们自己可以调查的东西吗?

比如说"宇宙是怎么诞生的?",这样的题目,如果我们想用"暑假的自由研究"活动来完成,可能就有点太困难啦。当然,小朋友,如果有一天你长大成人,还怀揣着这份不可思议的话,那真是非常棒的事情。

不过,现在嘛,我们还是从能做的事情开始吧。只要我们努力不懈地研究下去,总有一天,说不定也能研究这么宏大的课题呢！

参考文献

○ "暑假的自由研究"到底是"什么"?选择题目时需要思考的三个问题（NAKAHARA_LAB.net 立教大学经营学部 中原淳研究室博客，2015）
http://www.nakahara-lab.net/blog/2015/07/post_2450.html

○《别闹了，费曼先生》，理查德·菲利普斯·费曼著，大贯昌子·江泽洋译，岩波书店，2009

在《这是理所当然的吗?不一定吧：2天马行空的假设》的第42页中,我们为大家介绍了如何去探索自己决定好的题目。